AF313855

JEAN-FÉLIX

# BAPTEROSSES

1813 — 1885

JEAN-FÉLIX

BAPTEROSSES

1813 — 1885

Gien. — Imp. PAUL PIGELET

JEAN-FÉLIX

BAPTEROSSES

Communication faite à la Société d'Encouragement
pour l'Industrie nationale, le 26 Mars 1833, par
M. Ernest J.-B. DUMAS, Membre du Conseil.

Parmi les grands industriels dont s'honore la France, figure au premier rang, se distinguant par un ensemble de qualités que l'on trouve rarement réunies dans un seul homme, le fondateur de la belle usine de Briare, M. Félix Bapterosses.

Inventeur ingénieux, industriel habile, excellent administrateur, agriculteur remarquable, M. Bapterosses, à toutes ces supériorités de l'esprit, joignait, au plus haut degré, la droiture du caractère, la bienveillance et la générosité, qui sont les vertus de l'âme.

Sa vie tout entière, consacrée à un travail utile

et intelligent, laissera des traces impérissables dans un pays dont il a, par son activité et par son exemple, transformé complétement la condition matérielle, morale et intellectuelle.

C'est le 2 septembre 1813 qu'est né, à Bièvres (Seine-et-Oise), Jean-Félix Bapterosses, second fils de François Bapterosses, chef de l'atelier de gravure dans la manufacture d'indiennes de MM. Dolfus, et mécanicien habile dont le nom est resté attaché à un perfectionnement qu'il apporta au tour à graver les cylindres d'impression sur étoffes.

Sous la direction de son père, à Bièvres d'abord, puis à Paris dans divers ateliers de constructions, le jeune Bapterosses, successivement apprenti, ouvrier, puis contre-maître, sut acquérir cette grande habileté de main, cette connaissance parfaite des machines et cette habitude du commandement qui devaient être plus tard les puissants auxiliaires de sa haute intelligence.

Le génie d'invention de Bapterosses se manifesta d'abord par la création d'un fusil de guerre se chargeant par la culasse, qui fut présenté au comité d'artillerie ; puis par une modification importante dans la construction des lampes pour l'éclairage domestique. La lampe qu'il imagina, et pour laquelle il prit un brevet (17 juillet 1837 et 9 mars 1838), est celle qui, légèrement modifiée, et sous le nom de lampe modérateur, est devenue d'un usage si universel et a si complétement remplacé la lampe Carcel.

Séduit par les questions nouvelles alors des chemins de fer, Bapterosses dirigea ses études vers la construction des machines à vapeur, et, en 1842, ayant établi les plans d'une locomotive à grande vitesse, il en construisit lui-même le modèle réduit ; mais il était, faute de ressources financières suffisantes, arrêté dans l'exécution définitive de son œuvre, lorsqu'il apprit que Minton, le grand céramiste du Staffordshire, était à la recherche d'un outil pouvant remplacer la main de l'ouvrier dans la fabrication des boutons en porcelaine obtenus, jusqu'alors, aux usines de Longton, un à un et par une main-d'œuvre longue et coûteuse.

Bapterosses entrevit là le moyen de se procurer le capital nécessaire pour la construction de sa locomotive ; il étudia rapidement la question et fit, de toutes pièces, une machine frappant d'un seul coup plus de deux cents boutons à la fois.

L'outil répondait complétement à la solution désirée, et Bapterosses demanda de son invention la somme qu'il jugeait indispensable à la réalisation de son rêve ; mais cette somme fut trouvée trop élevée, et le jeune mécanicien resta propriétaire de cet outil dont il avait deviné le fonctionnement, tout en ignorant les procédés de la fabrication de la pâte céramique que l'on employait. Entraîné par cet esprit de recherche qui ne l'a jamais abandonné, Bapterosses alors se fit céramiste, et deux idées nouvelles, venant compléter l'invention mécanique, fondèrent réellement cette industrie naissante : ce furent la préparation d'une pâte pulvérulente, rendue légèrement plastique par une simple addition de lait, et la création d'un four à moufles ouverts dans lequel la cuisson pouvait s'opérer d'une façon continue sous les yeux et sous la surveillance directe de l'ouvrier.

Une série de solutions élégantes vinrent se

greffer sur ces données principales et répondirent rapidement aux besoins d'une fabrication croissante ; dès 1847, deux années seulement après que Bapterosses a mis en feu son premier four, les procédés nouveaux ont jeté une telle perturbation dans la fabrication anglaise, que celle-ci est obligée de s'arrêter.

Ebelmen, rapporteur de la section de céramique à l'Exposition de 1849, a dit à ce propos : « Ce fait, qui témoigne de la haute valeur du « procédé, nous a paru devoir être signalé au « nombre de ceux qui honorent le plus l'industrie française » ; et Bapterosses est encore cité avec éloge dans le discours prononcé par le baron Charles Dupin, lors de la distribution des récompenses.

De tels résultats devaient faire naître l'envie, et bientôt Bapterosses fut obligé de réclamer des tribunaux la condamnation d'agents infidèles et l'affirmation de droits absolus que la contrefaçon voulait lui contester. Le mécanicien émérite n'était pas discutable, c'était le céramiste de la veille que l'on espérait atteindre en niant la nouveauté du four créé par lui.

Il remporta une victoire complète, qui lui fut, ainsi que les nombreux témoignages d'estime qu'il reçut alors, une compensation aux ennuis et à la grande perte de temps que ce procès lui causa.

En France, les recherches faites pour découvrir le type qui aurait été reproduit furent infructueuses, et l'Allemagne, interrogée à son tour, répondit par l'organe de M. G. Khün, directeur de la Manufacture royale de porcelaine de Saxe, que « depuis douze ans et plus, il n'a point existé et « il n'existe point encore ici, pour cuire la porce- » laine, d'appareil semblable en quoi que ce soit « à celui qui m'a été décrit. »

En outre, les trois arbitres chargés de régler la question des indemnités dues à Bapterosses, ayant pu, dans le cours de leur mission, apprécier l'homme par ses œuvres, sont devenus et sont constamment restés depuis ses amis.

C'étaient J.-B. Dumas, de l'Institut ; Ebelmen, directeur de la Manufacture nationale de Sèvres ; Regnault, de l'Institut.

Délivré de ces soucis de procédure, fort de ses premiers succès, et voulant donner plus de développement à son œuvre, Bapterosses

abandonna cette usine de la rue de la Muette
que décrit Ebelmen dans son Rapport à la Société d'Encouragement le 5 novembre 1851, et il
alla dans le Loiret fonder les établissements de
Briare. Là, activement secondé par son frère
aîné, il multiplia les formes et les teintes de ses
produits ; la gamme des émaux pleine pâte et des
couleurs de filage s'enrichit chaque jour ; les ateliers s'élevèrent dans un ordre méthodique, et près
de l'usine se construisit cette admirable ferme de
Rivotte qui fournit les 500 litres de lait néces-
saires chaque jour pour la composition de la
pâte.

En 1860, on commença la fabrication des boutons à queue métallique, et en 1864 celle des
perles ; le personnel ouvrier atteignit alors le
chiffre de 1,500, et en moins de vingt ans, le pays
de Briare vit sa population croître de 2,500 à
plus de 5,000 âmes.

Délégué cantonal, conseiller général, Bapterosses témoigna en toute occasion de son dévouement à la population ouvrière de son pays d'a-
doption ; il construisit de vastes écoles dans
l'intérieur même de la manufacture, et, frappé de

l'insuffisance et de l'incommodité du matériel scolaire, il imagina une disposition mécanique ingénieuse et économique qui permet de faire varier pour chaque enfant, par rapport à la table fixe, la position du siège et de la barre d'appui des pieds. (Rapport de M. de Luynes à la Société d'Encouragement, le 20 octobre 1871).

Après les écoles vinrent les cités ouvrières, dans lesquelles plus de 180 ménages trouvèrent un logis sain et à bon marché, en attendant que, selon la pensée du fondateur, chacun de ces ménages, ayant réalisé des économies suffisantes, puisse, aidé par la manufacture, se construire, sur des terrains voisins, une maison répondant à ses besoins spéciaux.

Bapterosses, enfin, au moment de sa mort, venait d'arrêter les plans et de jeter les premières fondations d'un hospice et d'une maison de retraite.

Il étendit au-delà de Briare l'action de sa bienfaisante énergie. Président du Conseil d'administration de la faïencerie de Gien, il apporta son large concours au succès de cet établissement, qui lui doit un système d'encastage très apprécié.

Il avait été nommé en 1855 chevalier de la Légion d'honneur et, en 1878, il reçut le grand prix de céramique et la rosette d'officier.

Il a fait du bien pendant sa vie, il en fera encore après sa mort par le souvenir qu'il a laissé et l'exemple qu'il a donné ; membre perpétuel et lauréat de notre Société, nous l'avons suivi dans son œuvre, et une telle vie, toute de travail et de loyauté, mérite bien que nous répétions avec notre éminent et regretté collègue Ebelmen :

« Bapterosses a fait honneur à son pays. »

EXTRAIT

DE L'ALLOCUTION

PRONONCÉE DANS LA SÉANCE DU 8 JANVIER 1886

DE LA SOCIÉTÉ D'ENCOURAGEMENT

POUR L'INDUSTRIE NATIONALE

PAR M. ED. BECQUEREL

MEMBRE DE L'INSTITUT, PRÉSIDENT

M. Bapterosses avait le génie de l'invention et, par un rare privilége, était en même temps un administrateur des plus habiles ; aussi a-t-il pu mettre en pratique les procédés qu'il avait imaginés, les ingénieuses machines dont il était l'inventeur, pour la fabrication des boutons de porcelaine, et faire prospérer, à Briare, dans le département du Loiret, un établissement aujourd'hui sans rival.

Il s'était préoccupé du bien-être et de l'hygiène des ouvriers ainsi que de l'éducation de leurs enfants, et l'on peut offrir comme des modèles les écoles et les cités ouvrières qu'il a installées dans son établissement.

M. Bapterosses était lauréat de la Société. Sur un rapport d'Ebelmen, en 1852, il avait obtenu une médaille d'or, et il se plaisait à rappeler, comme il l'a dit souvent, que l'appui qu'il avait reçu de notre Compagnie, dès l'origine de ses travaux, avait été pour lui un précieux encouragement pour le développement de l'industrie importante qu'il avait créée et qu'il a léguée à sa famille en pleine prospérité.

EXTRAITS

D'UNE COMMUNICATION

FAITE A LA

SOCIÉTÉ DE PROTECTION DES ENFANTS

DANS LES MANUFACTURES

PAR M. J. LINARÈS

INSPECTEUR GÉNÉRAL

Au milieu des voix amies et autorisées qui rendront hommage au grand travailleur, à la gloire industrielle descendue prématurément dans la tombe, la mienne n'aura de valeur que d'être celle du représentant de la loi sur le travail des enfants dans les manufactures, loi que M. Bapterosses observait avec ce respect du devoir, cette exactitude rigoureuse qu'il apportait dans toutes les choses de la vie.

Parmi les œuvres généreuses qui ont été rappelées, toutes inspirées par sa sollicitude éclairée et, l'on peut dire, passionnée pour l'amélioration et la garantie du sort de l'ouvrier, il m'appartient de noter particulièrement celle des grandes écoles

que son amour de l'enfance, de l'enfance ouvrière,
lui avait fait créer dès la première heure.

Là, sur des bancs dont l'heureuse disposition
avait précédé les perfectionnements actuels de
ceux de nos écoles publiques, viennent s'asseoir
journellement 300 jeunes garçons et jeunes filles,
partageant leur temps entre l'école et l'atelier,
pour devenir un jour ces ouvriers intelligents,
laborieux, rangés, de la grande usine, qui, de
quelques mètres carrés qu'elle occupait dans le
principe, s'étend aujourd'hui sur dix hectares de
terrain, distribuant autour d'elle le travail et l'ai-
sance à des centaines de familles.

OBSÈQUES

DE

M. BAPTEROSSES

16 avril 1885

———*———

(Extraits du *Journal du Loiret*, et des *Annales re-
ligieuses et littéraires du Diocèse d'Orléans*.)

———✖———

Nous avons dit la perte cruelle qui frappait, par
la mort de M. Bapterosses, la ville de Briare et le
département du Loiret dont il était une des illus-
trations. Nous avons tenu à rappeler aussi, dans
une notice spéciale, ce qu'était l'homme, l'industriel
et l'ami enlevé à l'affection de sa famille et à la
reconnaissance de ses concitoyens. Il nous a paru
que ce n'était pas assez, et nous nous sommes fait
un devoir particulièrement doux de nous rendre
hier à Briare, pour nous y associer aux derniers
hommages que toute une population éplorée allait
rendre à l'éminent industriel.

La manifestation solennelle, éclatante que nous
attendions s'est produite ; et c'est véritablement

d'un deuil unanimement populaire que nous avons vu le témoignage douloureux et consolateur à la fois.

A dix heures, un service solennel était célébré, par le clergé de la paroisse, dans l'église de Briare, où un immense catafalque occupait la plus grande partie du chœur et dont les murs disparaissaient sous les tentures mortuaires portant la lettre initiale du défunt. Une assistance nombreuse d'habitants de la ville remplissait les nefs de l'édifice, déjà trop exigu et qui s'est trouvé, hier, plus insuffisant que jamais dans ses proportions. Pendant la messe, dite par M. le curé doyen de Briare, les chants liturgiques du *Dies iræ* et du *De profundis* ont été exécutés, sous la direction de M. Boucher, vicaire, par un chœur de jeunes gens et de jeunes filles de la ville ; les soli étaient dits par un artiste orléanais bien apprécié et par MM. Achille Patron et Oliot, de Gien. M. Saïller, professeur de musique à Gien, dont on connaît le sympathique talent de violoniste, a fort bien rendu l'*Andante* du septuor de Beethoven et l'*Adieu* de Schubert. Après l'élévation, M. G... a chanté, avec beaucoup de sentiment, le *Pie Jesu*, de Faure.

Cette première cérémonie n'était que le prélude

de celle des obsèques, indiquée seulement pour une heure et demie. Nous allons essayer d'en décrire l'imposant caractère.

Dès midi, une foule immense, que l'arrivée du train de Gien allait porter à dix mille personnes environ, se massait aux abords de la manufacture Bapterosses, dont elle envahissait bientôt le jardin d'entrée et les pièces du rez-de-chaussée de la maison d'habitation. Jusqu'à la dernière minute, les arrivants défilaient devant le cercueil placé dans une chapelle ardente; chacun s'empressait ensuite d'aller saluer les membres de la famille et d'inscrire son nom sur des listes spéciales.

La levée du corps a été faite par M. l'abbé Bougaud, vicaire général et archidiacre de Gien, entouré d'un grand nombre de prêtres des environs. L'immense cortége s'est acheminé à pas lents, vers l'église, traversant la grande rue dont tous les magasins et les habitations particulières étaient fermés en signe de deuil.

En tête marchaient les enfants des écoles, suivis de la fanfare municipale, puis les sapeurs-pompiers de la ville, ceux de la manufacture et les membres de la Société de secours mutuels fondée par le défunt. Derrière le clergé venait le corps porté à bras par des ouvriers de la manufacture. Le cercueil, sur lequel était déposée la croix d'officier de la Légion d'honneur de M. Bapterosses, disparaissait littéralement sous les couronnes et les fleurs. Nous avons remarqué également les magnifiques couronnes, sous le poids desquelles pliaient les porteurs, offertes par les ouvriers de la manufacture, par les employés de la maison de Paris, par la Société de secours mutuels, par les sapeurs-pompiers, par le Conseil municipal, etc.

Les cordons du poêle étaient tenus par MM. Jahan, conseiller général de Sully-sur-Loire, ancien sénateur et ancien président du Conseil général ; Boisset, maire de Briare ; Loiseau, maire de Breteau, président de la délégation cantonale ; Gondouin, directeur de la faïencerie de Gien ; Clémandot, ami personnel de M. Bapterosses, membre de la Société des ingénieurs civils ; et Parisse, représentant la manufacture de Briare.

Le deuil était conduit par M. Bapterosses fils et par les trois gendres du défunt MM. Loreau, conseiller général de Briare, Yver et Bacot. M. Frédéric Bapterosses, retenu par la maladie, n'avait pu se joindre au cortége funèbre de son frère.

Après la famille marchait le Conseil municipal de Briare. Nous avons noté au hasard, parmi

les notabilités présentes, MM. Thibonneau,
sous-préfet de Gien ; Devade, député de l'arron-
dissement ; Carré de Bray et Albert Despond,
conseillers généraux ; d'Harcourt et Vignat,
anciens députés du Loiret ; Léon et Henri de
Chasseval ; Gourdin, membre de la chambre de
commerce ; de la Rocheterie, président de la
Société d'horticulture ; de Couët et Mestier, vice-
présidents du Comice de Gien ; Defaucamberge,
adjoint et H. Devade, ancien adjoint de
Gien ; Champeau, maire de Châtillon-sur-Loire ;
Marchand, d'Ouzouer-sur-Trézée ; Filleul, de
Montbouy ; Dépée, de Lion-en-Sullias ; Tertian,
lieutenant-colonel au 38ᵉ territorial ; d'Halmont,
commandant de cavalerie en retraite ; le capitaine
de gendarmerie de Gien ; Châtelain, Guille-
Desbuttes et Pelletier, anciens conseillers à la
Cour d'appel ; Ranque, juge au Tribunal de Gien ;
Waldmann, ancien inspecteur des manufactures ;
Guiblin, juge de paix d'Ouzouer ; Laizeau, ancien
maire des Bordes, etc., etc.

Une faible partie seulement de l'énorme
concours de population et d'étrangers qui suivait
le triste convoi ou se pressait sur son passage put
pénétrer dans l'église. Au dehors, la place, les
rues avoisinantes regorgeaient d'une foule au
milieu de laquelle régnait un silence solennel.

Mgr Coullié, évêque d'Orléans, en tournée de confirmation, s'était empressé de venir à Briare rendre les derniers devoirs à M. Bapterosses. Il était assisté de Mgr Robichon, doyen de Gien.

Après l'exécution du *Dies iræ*, M. l'abbé Bougaud, vicaire général, archidiacre de Gien et ami particulier du défunt, se présente dans la chaire. Nous ne pouvons donner ici qu'une très pâle analyse de son magnifique discours. Tous ceux qui l'ont entendu sont unanimes à déclarer que le grand orateur n'est pas resté au-dessous de lui-même. M. Bougaud a fait ressortir dans M. Bapterosses : *l'homme de génie, l'homme de cœur, l'homme chrétien.* M. Bougaud commence ainsi :

Que vous dirais-je, Messieurs, pour répondre aux sentiments qui se pressent dans toutes les âmes ? On parle quelquefois des coups de foudre de la mort. En vit-on jamais un plus inattendu, plus douloureux, plus irréparable ? Celui qui était la gloire et la vie de Briare emporté en quelques heures ! Hier encore, nous nous préparions à le revoir ; il nous attendait dans ce beau château de Beauvoir dont il faisait si noblement les honneurs.

Et tout à coup un cri nous arrête sur la route, cri de stupéfaction et de douleur : M. Bapterosses est mort. Nous ne pouvions pas croire à un tel malheur. Et cette foule immense qui remplit aujourd'hui les rues de la ville, ces personnages éminents accourus de Paris, d'Orléans, de partout, ces ouvriers en deuil, ce Pontife qui se détourne de sa route pour assister à ces obsèques, tout nous dit que nous sommes ici en présence, non pas seulement d'un malheur privé, mais d'une calamité publique, et que Briare a perdu son bienfaiteur.

Après ces premiers mots, M. Bougaud montre d'abord les grandes qualités intellectuelles de M. Bapterosses :

M. Bapterosses avait reçu de Dieu des dons magnifiques. La première fois que je le vis, il y a plus de vingt ans, j'eus l'impression que j'étais en présence d'un homme supérieur, et nos longues relations, si bienveillantes de sa part, n'ont fait qu'augmenter cette impression. Quelle intelligence largement ouverte et dans tous les sens ! Quel esprit pénétrant, allant au dernier fond des choses ! Et pour soutenir ce génie naturel, quel travail incessant, opiniâtre ! Et quelle fécondité dans ce travail ! Ce n'est rien de voir en général cette magnifique usine, la gloire et la vie de Briare, il faudrait pouvoir la parcourir dans les derniers détails. Ces instruments si parfaits, si délicats, j'allais dire si intelligents, il les a tous créés lui-même ; et avec quelle rapidité ! Une invention n'attendait pas l'autre. Dès qu'il sentait le besoin d'un instrument nouveau, l'idée s'emparait de son esprit, le poursuivait jour et nuit, et ne le quittait que quand il sortait vainqueur de son laboratoire en disant : J'ai trouvé ! Cela, Messieurs, c'est du génie. Et quand on pense qu'il était né dans les rangs du peuple ; je puis bien le répéter, il ne s'en cachait pas ; il aimait à raconter, et avec quel charme ! sa jeunesse pauvre, son peu d'études, ses premiers essais obscurs, ses premiers rêves pleins d'enthousiasme ; quand, dis-je, on se rappelle tout cela et qu'il n'avait reçu aucune préparation scientifique, et qu'on voit ce qu'il a fait, ce qu'il laisse, on ne peut contenir un cri d'admiration.

Mais dans M. Bapterosses le cœur égalait le génie.

Qu'est-ce que le génie, s'écrie l'orateur, quand il est tout seul, et mériterait-il d'être loué devant les autels ? Un grand philosophe a dit : Malheur à la science qui ne se tourne pas à aimer ! Oui, malheur à la lumière qui n'engendre pas de chaleur ! Malheur au génie qui ne brille que d'une lueur égoïste ! Et à quoi bon pénétrer tous les secrets de la nature, si on ne se sert pas de ces lumières pour faire du bien, pour élever, agrandir, améliorer le sort des petits et des pauvres ? Faire du bien ! parole auguste ! pouvoir royal ! Quiconque n'en fait pas n'est pas digne d'être riche ! Eût-il des millions, c'est un être inférieur, au-dessous de l'animal qui lèche du moins nos plaies et qui pleure avec nous quand il ne peut pas autrement nous consoler !

M. Bapterosses l'entendait bien ainsi. Toute

sa vie il a fait le bien, largement, royalement ;
non parce qu'il était riche ; j'en sais qui ont des
millions et qui n'en font point, mais parce qu'il
avait le cœur à la hauteur de sa fortune.

Et le bien dont je parle, ce n'est pas cette
charité secrète, ces aumônes cachées, indivi-
duelles, ces pièces de cinq francs ou de vingt
francs qui coulaient si facilement de ses mains,
cela est innombrable et connu de Dieu seul ; non,
je parle de ces institutions publiques, destinées à
secourir la misère, qu'il a multipliées à Briare et
où se révèlent son grand sens pratique et les
nobles inspirations de son cœur.

Il commence par les petits enfants qui cou-
raient, un peu abandonnés, dans les rues. Il leur
ouvre des écoles et les confie aux grandes insti-
tutrices, les Sœurs de charité, ces Sœurs aujour-
d'hui si décriées, si calomniées, qu'on voudrait
décréter d'indignité et d'incapacité, qu'il aimait,
qu'il respectait, auxquelles il a fait du bien jusqu'à sa mort.

Après les enfants, il s'occupe des malades,

et il fonde un petit hôpital qui s'agrandira et qu'il confie également aux Sœurs.

Après les enfants et les malades, les ouvriers. Il les connaît, il les aime ; ce sont ses enfants : il sait leurs passions, leurs défauts, leurs périls ; il les manie avec adresse et les gouverne avec fermeté, il le faut ; mais avec quelle bonté ! Pour qu'ils aient des logements salubres à meilleur marché, il construit de vastes cités ouvrières, et il veut que la religion vienne solennellement les bénir. Je me rappelle encore cette belle journée, ce soleil splendide, cette foule en fête. M. Bapterosses était rayonnant. Mais ces cités ouvrières, par la force des choses, étaient loin des écoles, l'enfant perdait beaucoup de temps à aller et à revenir, il installa donc dans son usine des écoles, persuadé que le petit ouvrier qui ne sait ni lire ni écrire sera toujours un être inférieur dont on abusera et qui n'arrivera à rien ; mais comme il ne veut pas d'une science impie et matérialiste, il confie ces écoles aux Sœurs, et il nous appelle pour les bénir solennellement. Et comme la vieillesse va venir et la maladie, et que les ouvriers ne sauront où se retirer, il leur bâtit un second hospice, spécial pour eux, tout près de la cité ouvrière, et là encore il appelle les Sœurs, sachant bien que pour élever les enfants, consoler les malades, soigner les vieillards, endormir des mourants, il faut des mains bénies, sanctifiées et consacrées par la religion. Et que n'aurait-il pas fait si la mort n'était venue le surprendre ? Ne doutons pas que cette pauvre église n'eût retrouvé des dimensions dignes de Briare agrandi. Cette pensée était en lui comme un germe qui mûrit et on pouvait déjà entrevoir que la fleur ne tarderait pas à s'épanouir.

Après le génie et le cœur, M. Bougaud loue, en M. Bapterosses, quelque chose de plus rare :

Qu'ajouterais-je ? Un dernier trait, le plus beau de tous, et qui achève la physionomie de M. Bapterosses. Je veux parler de sa rare modestie. Et ce qui me touche, c'est le caractère singulier de cette modestie. Elle ne naissait pas seulement de la grandeur de son esprit : tous les grands esprits sont modestes ; elle naissait d'une âme naturellement religieuse. Soit que ce fût un reste de sa première éducation chrétienne, soit que cela tînt de la grandeur de son génie, il avait une telle idée de Dieu, de sa puissance, de sa magnificence, que tout pâlissait à côté. La beauté de la création le jetait dans l'admiration. Qu'é-taient-ce que les œuvres de l'homme à côté des œuvres de Dieu ? Une fourmi qui circulait sur les rouages de son grand moteur, un oiseau qui chantait sur l'arbre voisin, une petite fleur qui s'épanouissait entre les pierres disjointes d'une marche d'escalier ; à la bonne heure ! disait-il, voilà des merveilles, qu'est-ce que nous faisons à côté de cela ? La petitesse de l'homme et la grandeur de Dieu faisaient comme le fond de son âme, et c'est ce qui la rendait si religieusement modeste.

De telles qualités devaient lui mériter de Dieu une récompense suprême. Et quoique la mort vint en deux jours, elle ne le surprit pas. Il

avait le bonheur d'avoir près de lui un prêtre bon
et délicat, moins son curé que son ami, qui ne
l'avait jamais harcelé hors de propos, qui l'avait
attendu avec douceur, se contentant de lui présenter la belle image d'un bon prêtre. Il le fit
venir ; et quoique à peine effleuré par l'aile de
la mort, avec la décision qui le caractérisait, il lui
demanda de l'aider à faire le grand passage. Il
reçut les Sacrements en pleine connaissance et
expira les lèvres sur le crucifix. Noble exemple
donné après tant d'autres, et qui ajoute à sa belle
carrière la seule gloire qu'on eût pu lui désirer.

M. Bougaud termine par ces touchants adieux :

Et maintenant, recueillons-nous pour adresser à notre cher défunt cette parole suprême de
l'adieu, par où doivent se clore ici-bas toute vie,
toute amitié, toute admiration.

Adieu donc, cher Monsieur Bapterosses !

Adieu au nom de cette ville de Briare dont
vous avez été pendant quarante ans la providence
vivante ! Vous l'avez comme baignée dans les feux

de votre grand esprit, de votre cœur incompa-
rable. Puisse-t-elle ne vous oublier jamais et
élever sa reconnaissance à la hauteur de vos
bienfaits !

Adieu , au nom de vos ouvriers en deuil,
auquels vous avez constamment donné l'exemple
du travail, de l'honnèteté, de la vie de famille!
Qu'ils apprennent de vous que les passions ne
mènent qu'à la ruine et que dans tout grand succès
il y a une part de vertu !

Adieu, au nom de cette famille que vous
laissez dans les larmes ! Elle continuera toutes
vos œuvres, plus fière encore du bien que vous
avez fait que du génie que vous avez reçu.

Adieu, enfin, au nom de tous vos amis, de
nous tous qui vous avons connu, aimé, apprécié !
Nous ne vous oublierons jamais, et nos prières,
unies à nos larmes, vous aideront à entrer le plus
tôt possible dans le royaume de l'éternelle
lumière.

Les chants sacrés, toujours accompagnés par ·
M. Gaudin, organiste adjoint de la cathédrale, se
sont continués avec l'exécution du *Pie Jesu*, de
Stradella, par M. Piroïa, soliste de la Madeleine,
doué d'une voix magnifique de baryton. M. Saïller
s'est également fait entendre à nouveau, puis
Mgr Coullié à donné l'absoute solennelle.

La cérémonie religieuse terminée, le convoi
funèbre s'est reformé pour prendre la direction
du cimetière situé à l'extrémité de la grande rue.

Lorsque les dernières prières eurent été dites
par Mgr Coullié, et avant que la dépouille
mortelle de M. Bapterosses fût confiée à la terre,
M. Jahan s'avança près du cercueil et prononça,
au milieu de la poignante émotion qui étreignait
tous les cœurs, lès paroles suivantes :

Messieurs,

Je viens, au milieu de cette population en deuil,
rèmplir un douloureux devoir èt dirè, avec elle,
un dernier adieu à l'homme excellent qui était, je
puis le dire, son bienfaiteur et son ami.

Enfant de ses œuvres, M. Bapterosses s'est

élevé par son travail et sa valeur personnelle à la haute situation qu'il occupait, non-seulement dans cette ville, qui lui doit son développement et sa prospérité, mais dans le pays tout entier qui le compte parmi ses grands industriels et ses meilleurs citoyens.

Homme de cœur et de dévouement, il portait, avant tout, dans ses entreprises un ardent amour pour le bien-être de ceux qui l'entouraient, ses collaborateurs, ses ouvriers, ses amis.

Je n'ai pas à rappeler ici des œuvres qui sont sous vos yeux : maisons d'ouvriers, écoles, ouvroirs, institutions de charité dans lesquelles il était secondé par une famille digne de lui, mais il suffit pour ceux qui, comme moi, ont déjà vécu de longs jours, de se souvenir de ce qu'était la ville de Briare lorsque M. Bapterosses vint y installer son industrie et de ce qu'elle est aujourd'hui. Comme conseil et appui des diverses administrations qui se sont succédé, que n'a-t-il pas fait pour l'amélioration de sa ville d'adoption et le bien-être de ses habitants.

Au Conseil général du Loiret, où il a représenté pendant vingt-cinq ans le canton de Briare, nous avons été témoins de son zèle et de son ardeur pour le succès des affaires locales qu'il avait la mission de défendre. La reconnaissance publique a voulu, lorsqu'il résigna sa fonction, que ses traditions fussent continuées par un membre de sa famille qui s'est inspiré des mêmes sentiments.

M. Bapterosses aurait pu mettre sa grande capacité et sa haute expérience des affaires au service du pays, dans les plus éminentes fonctions; mais aussi modeste que désintéressé, il a refusé ces honneurs mérités auxquels l'appelait l'estime de ses concitoyens. Il a voulu rester industriel sans ostentation et sans bruit et c'est comme chef d'industrie qu'il a reçu cette croix d'officier de la Légion d'honneur qui brille sur son cercueil !

Il faut se borner, Messieurs, car j'aurais beaucoup à dire en parlant de la dignité du caractère, de l'aménité des relations et de l'extrême simplicité de celui que nous pleurons au milieu de la plus large et la plus brillante existence, mais je ne veux pas retenir plus longtemps au bord de cette tombe une famille éplorée qui perd son chef respecté et cette population émue d'amis, d'ouvriers et de citoyens qui, de toute part, du château comme de la chaumière, sont venus rendre avec nous à M. Bapterosses les devoirs suprêmes.

Il faut nous quitter, mon cher et excellent collègue ! Adieu ! au nom de tous ceux qui vous ont aimé !... Quand on a, comme vous, passé ses jours dans la pratique du devoir, de la bienveillance et de l'honneur, quand on quitte la vie dans les sentiments religieux qui ont consolé vos derniers jours, on peut se présenter avec confiance devant Celui qui juge souverainement les intentions et les actions des hommes et attendre de lui la récompense réservée aux hommes de bien !

Adieu, cher Monsieur Bapterosses, adieu !

Nous sommes heureux d'avoir pu nous procurer, en outre, le texte des adieux touchants adressés au défunt par les personnes qui tenaient, avec M. Jahan, les cordons du poêle.

Voici comment s'est exprimé M. Loiseau,
maire de Breteau :

Messieurs,

Des voix plus autorisées que la mienne ayant
déjà retracé en termes éloquents la vie si labo-
rieusement remplie et si dignement couronnée de
notre cher défunt, je viens seulement, au nom de
la délégation cantonale dont M. Bapterosses fut
pendant de longues années le sympathique et
regretté président, et au nom de la Société de
secours mutuels des instituteurs dont il était le
généreux bienfaiteur, adresser un suprème adieu
à l'excellent homme dont nous déplorons tous
aujourd'hui la perte.

La foule respectueuse, qui se presse en ce
moment autour de cette famille si cruellement
éprouvée, témoigne hautement de l'estime qu'avait
su inspirer M. Bapterosses, par sa grande intelligence, par les brillantes qualités de son esprit,
et par la bonté de son cœur que vous avez été

tous à même d'apprécier et qui était le fond de ce beau caractère.

Adieu, mon cher Bapterosses, adieu ! Votre mémoire sera à jamais bénie et respectée par tous ceux qui ont eu le bonheur de vous connaître, et principalement par les habitants de cette ville de Briare que vous avez transformée, où tous les jours de votre existence étaient marqués par un nouveau bienfait, et où certainement vos chers enfants resteront les dignes continuateurs de votre grande œuvre et de vos nobles et généreuses traditions.

M. Clémandot, un des meilleurs amis de M. Bapterosses, représentant la grande industrie, a parlé en ces termes :

Messieurs

Aux éloquentes paroles qui vous ont dit la noblesse du caractère, la grandeur de l'âme de notre ami, nous n'aurions rien à ajouter si, au nom de l'amitié comme au nom de la science, nous ne devions dire un dernier mot.

Ces deux industries séculaires de la céramique et de la verrerie, dont les origines paraissent remonter aux premiers âges de notre monde, ont depuis si longtemps exercé les efforts de l'esprit humain qu'il semblait vraiment qu'il n'y eût plus pour elles de découvertes à faire et qu'il ne restât tout au plus qu'à retrouver quelque procédé perdu.

Eh bien! c'est sur ce terrain si longuement exploré que Bapterosses sut découvrir et largement tracer une route nouvelle.

Grâce à cet élégant outil créé par lui il y a plus de quarante années et que chacun admire encore aujourd'hui, laissant au potier son argile, au verrier son creuset, se contentant d'un peu de poudre moulée et façonnée à son gré, il sut de toutes pièces créer une industrie toute française dont les produits, se répandant dans le monde entier, enlèvent chaque jour à la Bohême comme à Venise une part de ce monopole absolu que l'usage de plusieurs siècles semblait avoir consacré.

Pour nous qui avons suivi notre ami dans ses débuts, dans ses efforts et dans ses succès, nous pouvons dire que l'immense résultat obtenu, ce n'est pas seulement à l'heureuse inspiration d'un instant qu'il le faut attribuer, mais plus encore à une vie tout entière de travail et d'énergie, poursuivant toujours la même pensée avec une invincible persévérance, plus encore à cet esprit si large, à ce cœur si profondément bon qui n'avaient su faire naître que d'inébranlables amitiés dont aucune pourtant, peut-être, n'égalait l'amitié passionnée qu'avait pour ce frère qu'il vient de perdre, ce frère aîné que la maladie, mais non la mort, devait frapper le premier.

S'il peut y avoir au milieu de tant de douleur une pensée de consolation, c'est cette pensée, la dernière à laquelle nous nous arrêterons et qui, au moment où Dieu rappelait notre ami près de lui, dut contribuer pour sa large part à lui laisser cette sérénité, ce calme dont son noble visage conserva l'empreinte bien au-delà de la mort ; c'est cette pensée de la réalisation de laquelle me sont

garants tous les membres de cette famille, collaborateurs d'hier et continuateurs de demain, tous
étroitement unis autour de ce cercueil ; cette
pensée que l'œuvre puissante dont l'ami que nous
pleurons avait jeté les profondes racines, en y
consacrant sa vie tout entière, ne périra pas avec
lui, mais, vivifiée encore par son souvenir après
sa mort, continuera à grandir, bienfaisante et
féconde.

La faïencerie de Gien ne pouvait avoir de
meilleur interprète que l'honorable M. Gondouin,
dont voici les adieux adressés d'une voix pleine
de larmes :

Dans le deuil si douloureux qui nous réunit
autour de cette tombe, je voudrais dire, au nom
de la fabrique de Gien, quels regrets, quelle
reconnaissance y laisse l'homme éminent qu'elle
avait l'honneur d'avoir pour présider son Conseil
et qui y a été un si utile et si dévoué inspirateur !
Mais, hélas ! mes paroles s'arrêtent, car je n'ai
pas seulement à pleurer l'homme de génie d'un si

grand cœur, mais le meilleur, le plus parfait et le plus paternel ami ! — Je ne puis, désolé, que lui dire un bien filial adieu et bénir sa mémoire avec la confiance que Dieu donnera à tout le bien qu'il a fait la récompense éternelle !

Au nom de la ville de Briare, son dévoué maire, M. Boisset, a prononcé ces quelques paroles :

Ma voix n'est pas assez éloquente pour faire l'éloge de M. Bapterosses. Nous, habitants de Briare, avons su depuis longtemps apprécier son mérite et ses qualités de cœur ; au nom du Conseil municipal, de la Société de secours mutuels, ainsi qu'au nom des pauvres de Briare, dont il était le bienfaiteur, permettez-moi d'exprimer à la famille de celui qui n'est plus les sentiments de douleur dont nous sommes pénétrés. Tous, je puis le dire, avons été cruellement frappés et conserverons longtemps gravé dans nos cœurs le souvenir de M. Bapterosses.

Adieu, Monsieur Bapterosses, adieu !

Les ouvriers de M. Bapterosses ne pouvaient non plus voir disparaître leur père, leur bienfaiteur et leur modèle, sans lui dire l'adieu suprême. M. Parisse l'a fait, en leur nom, en quelques mots partis du cœur et dits avec une vive émotion :

Fidèle interprète des sentiments que ressentent les employés, ouvriers et ouvrières dont M. Bapterosses a su gagner l'affection, je me fais un devoir d'exprimer, à cette dernière heure, nos sentiments de reconnaissance et la grande douleur que nous fait éprouver cette cruelle et trop subite séparation.

Tout le bien qu'il a fait restera gravé dans nos cœurs et nos enfants se rappelleront toujours l'homme grand, noble et généreux que nous pleurons aujourd'hui.

Au nom de la Société de secours mutuels que j'ai l'honneur de représenter, je le remercie de la grande part qu'il a prise à sa fondation et de l'intérêt qu'il n'a cessé de lui témoigner.

Adieu ! adieu ! adieu !

Il était quatrè heures quand se terminait la funèbre cérémonie. Chacun des milliers d'assistants en est revenu profondément impressionné, mais satisfait d'avoir pris part à une aussi belle manifestation. Rien, en effet, ne pouvait affirmer plus hautement la perte irréparable faite, en la personne de M. Bapterosses, par la ville de Briare, par le département tout entier et par la grande industrie française dont l'ancien membre de notre Conseil général était, on peut le dire, l'un des plus éminents représentants.

Gien. — Imp. Paul PIGELET